AF357208

ARREST

DU CONSEIL D'ESTAT DU ROY,

Qui déboute le nommé Evrard marchand Tanneur à Givet, de sa demande en cassation d'une Ordonnance de M. l'Intendant du Haynaut, par laquelle il a esté condamné en trois cens livres d'amende, pour avoir fait voiturer des Cuirs de Givet à S.ᵗ Paul en Artois par des chemins obliques, & dont partie desdits cuirs estoient marquez de fausses marques.

AVEC

Le Procès-verbal de saisie, & l'Ordonnance de M. l'Intendant, qui prononce l'amende de trois cens livres, & fait un Reglement pour la marque & le transport desdits Cuirs de Givet pour les Villes de la Flandre & de l'Artois.

Du 9. Octobre 1731.

A PARIS,

DE L'IMPRIMERIE ROYALE.

M. DCC XXXI.

L'AN mil sept cens trente-un, le Dimanche 17. Juin, à la requeste de M.ᵉ Pierre Carlier Adjudicataire general des Fermes-unies de France, poursuite & diligence de M. Gaillard, Controlleur general desdites Fermes au département du Haynault, qui a fait élection de domicile en son Bureau à la Doüane, ruë Capron à Valenciennes: *Nous Blaise Canteraine Receveur à Philippeville, & Guillaume Sauvé Agent desdites Fermes à Valenciennes, soussignez*, ayant tous deux presté serment à Justice ; Sçavoir, moy Canteraine, pardevant M. le Subdelegué de ladite ville de Philippeville, & moy Sauvé, devant M. le President des Traites à Valenciennes, soussignez: Certifions pour verité, à tous qu'il appartiendra, que le jour que dessus en consequence de l'ordre verbal à nous donné par mondit Sieur Gaillard, Nous sommes transportez à Bavay, à l'effet d'examiner une partie de Cuirs-forts de semelle qui y estoit arrivée le jour precedent, par acquit à caution du Bureau de Givet, en date du 14. dudit mois, sous le numero 186. signé de Mouseiguat, expedié en faveur du Sieur Philippes Evrard demeurant à Givet, à la destination de Saint Paul, valable pour huit jours seulement, à charge *de passer par les Bureaux de Maubeuge & Bavay avec lesdits cuirs*, declarez au nombre de deux cens trois, marquez du marteau de la Ferme, quatre peaux de veau, & deux sacs de rognures de cuirs, *sans specification de la fabrique;* au dos duquel acquit, est un vû sortir de Givet ledit jour 14. du present mois, signé Lion, non representé au Bureau de Maubeuge & autres de la route, pour y faire mettre le vû, *ainsi que le requiert l'Article IV. du Titre VI. de l'Ordonnance de 1687. & l'Article XVII. du Titre II. de ladite Ordonnance, à peine de confiscation des marchandises & d'amende;* auquel lieu de Bavay estant arrivez sur les dix heures du matin, en la maison de Raphaël Delboure Cabaretier hors la porte de Valenciennes de ladite Ville, aurions trouvé dans la cour deux chariots chargez de cuirs, non attelez,

A ij

& que le Sieur Crouard Receveur audit lieu, nous a declaré eſtre les meſmes qu'il avoit arreſtez le 16. dudit, ſur les neuf heures du ſoir, & dont il avoit fait rapport à mondit Sieur Gaillard le meſme jour Dimanche 17. Juin preſent mois, de laquelle quantité il ne ſçavoit pas le nombre, en ayant eſté dechargé *trente-trois en la maiſon d'Antoine Hiolle habitant dudit lieu, avant l'arrivée des voitures au Bureau, contre & au préjudice des deffenſes portées par l'Article VI. du Titre VI. de ladite Ordonnance;* avons trouvé dans ledit Cabaret ledit Sieur Evrard, qui a reclamé leſdits cuirs; lequel nous a declaré qu'il y en avoit ſur leſdites deux voitures deux cens trois mentionnez en ſon acquit, moins les trente-trois deſchargez en la maiſon dudit Hiolle; *que tous leſdits cuirs ſont entrez de Dinant à Givet à demi preparez & verts, & qu'il les a fait achever de preparer à Givet, & qu'il les a fait marquer du marteau de la Ferme à la ſortie des cuves, comme il paroit de ſa declaration faite audit Bavay ledit jour 17. du courant, double & ſignée de luy cy jointe,* & ſuivant laquelle declaration, Jean Guerin conducteur deſdits chariots, nous a declaré qu'il eſt ſorti de Givet avec leſdites deux voitures de cuirs, accompagné de François Fieves ſon camarade auſſi conducteur; qu'ils ont tenu leur route par Romedenne terre de Liege; que de-là ils ont paſſé ſur les glacis de Philippeville, ont couché à Seleury chez François Fontenelle Cabaretier audit lieu; la nuit du jeudy au vendredy ont raffraîchi à Renly chez Albert Bruno, & ont pris un acquit de Tranſit au Bureau de Froid-Chapelle, dont la teneur eſt repriſe à la declaration dudit Sieur Evrard; que dudit Renly ont paſſé devant la porte du Bureau d'Heſtrud; qu'ils ont fait voir l'acquit & les cuirs au Receveur, ainſi qu'aux Employez de Solre-le-Chaſteau, à leur paſſage, & en continuant leur route qu'ils ont paſſé à Bachant, au Gravier, & ſont venus à Bavay accompagnez des nommez du Bray pere & fils, qui ont eſcorté leſdites voitures depuis Solre-le-Chaſteau: Et après que ledit Sieur Evrard nous a eu declaré d'abondant, que leſdits cuirs ont eſté achevez de fabriquer à Givet, *& qu'à*

la sortie des cuves, qu'il les a fait marquer tous du marteau de
la Ferme ; nous avons examiné superficiellement lesdites deux
voitures de cuirs, après la declaration dudit Sieur Evrard faite
& signée, sans les faire descharger, & avons reconnu que sa
declaration estoit fausse, *en ce que la marque avoit esté frappée*
depuis peu sur plusieurs pieces de cuirs, dont nous avons coupé
les morceaux où ladite marque avoit esté frappée après l'apprest,
& non à la sortie des cuves, ainsi qu'il nous l'avoit declaré ; ce
qui nous a fait connoistre que ledit Evrard estoit en contravention; qu'il n'avoit sorti que peu, ou point du tout de cuirs de
Givet, & qu'il avoit surpris les Employez du Bureau de ladite
Ville, & le Garde de la Porte, en luy faisant mettre un vû au
dos de son acquit; & nous a donné des soupçons violents qu'il
n'avoit sorti de Givet, au plus que les cuirs qui paroissoient
marquez à la sortie *des cuves, & que ceux qui estoient nouvel-*
lement frappez après l'apprest, avoient esté chargez en chemin sur
l'estranger, & y avoient esté marquez des faux Marteaux de
Dinant ou Namur, contre-faits sur celuy de Givet : Pourquoy
avons declaré audit Evrard & ses conducteurs, la saisie & arrest
desdits cuirs, chevaux, chariots & équipages, jusqu'après vérification plus ample des faits énoncez cy-dessus, aux risques,
perils & fortune de qui il appartiendra. Nous sommes transportez avec le Sieur Receveur de Bavay, en la maison dudit
Sieur Hiolle, où Nous avons pareillemeut fait la saisie & arrest
des trente-trois cuirs déposez en sa maison, que nous y avons
laissez après les avoir cachetez du Cachet de la Ferme; & avons
fait deffenses à sa femme de les soustraire, s'en dégarnir, ni de
les debiter, sous les peines portées par les Ordonnances du
Roy: avons chargé le Sieur Receveur de Bavay de faire conduire à son Bureau lesdits cuirs, & de les y déposer, & de ne
s'en point dégarnir sans ordre superieur. Nous sommes à
l'instant monté à cheval pour continuer nostre route, & nous
sommes rendus à Maubeuge pour y prendre quelques éclair-
cissemens à ce sujet. Ce que nous certifions veritable en tout
son contenu, les jour & an susdits; declarant que nous n'ayons

A iij

pû donner & delivrer copie de ce que deſſus, audit Evrard, attendu noſtre abſence; & que d'ailleurs il eſt parti pour Valenciennes avant la confeѐtion. Signé *Canteraine. Sauvé.*

LE dix-huitieme dudit mois de Juin mil ſept cens trente-un, en continuant noſtre preſent Procès-verbal, nous ſommes ſortis de Maubeuge ſur les quatre heures du matin pour nous rendre à Solre-le-Chaſteau, où eſtant parvenus en la maiſon du Sieur Barret receveur, nous avons appris de luy que l'acquit ne luy avoit point eſté repreſenté pour y mettre ſon vû; mais il nous aſſura & partie de la Brigade, que les deux voitures de cuirs y avoient paſſé & par Heſtru; ce qui nous fut confirmé ſur les lieux par le Sieur Daſſignies Receveur le même jour, mais qu'il ne fut point requis de mettre ſon vû ſur ledit acquit : Le même jour en continuant noſtre route, nous nous ſommes rendus chez Albert Brune au Village de Renly, où nous avons appris dans la converſation, par ſa femme & un jeune homme qui eſtoit auſſi dans ladite maiſon, que Jean Guerin y eſtoit paſſé avec d'autres voituriers conduiſant trois voitures de cuirs, le jeudy ou le vendredy precedent; mais n'avons pû découvrir s'ils venoient de Dinant, Namur ou Givet; ſi non que ladite femme nous declara qu'elle croyoit qu'ils venoient de Dinant, & qu'elle ne ſçavoit à qui appartenoient ces cuirs. A la partie de ce Village ayant pris noſtre route par celuy d'Herpion, à l'effet d'y faire une retrouve des étoffes de Cazées qui s'y fabriquent; examiner s'il n'y en avoit point parmi des Manufaϲtures eſtrangeres; de quelle façon on les marque ſur le mêtier, & de la quantité de mêtiers battant & travaillant aϲtuellement : N'avons pû paſſer le Village de Seleury terre eſtrangere, où nous avons appris que les mêmes trois voitures de cuirs avoient paſſé la nuit du jeudy au vendredy. Ce que nous certifions veritable, les jour & an ſuſdits. Signé *Canteraine. Sauvé.*

LE dix-neufvieme du preſent mois de Juin ſur les ſix heures & demie du matin, nous avons appris dans ce même Village

de Seleury que lefdites trois voitures de cuirs avoient efté de-
clareés au Bureau du foixantieme de Romedenne, appartenant
au Prince de Liege, pour cuirs de Hollande & defdits Pays eftran-
gers; ce que nous ne pouvons cependant prouver, quoyque
nous ayons efté en continuant noftre route dans le Cabaret
dudit Romedenne où eft eftabli le Bureau, & parlé au Receveur & au Controlleur, qui dans la converfation fe font tenus
fur leurs gardes : Le même jour nous nous fommes rendus à
Givet, où nous fommes arrivez fur les deux heures de relevée
ou environ. Ce que nous certifions veritable, les jour & an
fufdits. Signé *Canteraine. Sauvé.*

L E même jour dix-neufvieme du prefent mois de Juin, en
arrivant à Givet avons mis pied à terre à l'haubette des Commis à la Porte des vieux Recolets; avons examiné le Regiftre
d'enregiftrements d'acquits, tenu à ladite Porte, fur lequel avons
trouvé ledit acquit à caution N.° 186. enregiftré: Mais comme
le *Sieur* Lion qui a mis au dos le vû fortir de Givet fans
conter les cuirs, à ce qu'il nous a dit en luy reprefentant l'acquit pour reconnoiftre le vû fortir, qu'il nous a affuré eftre de
luy; ignorant par confequent fi la quantité de deux cens trois
cuirs, deux facs de rognures & quatre peaux de veau eftoient
fur lefdites voitures, qu'il nous a declaré avoir vû fortir: Nous
nous fommes tranfportez en la maifon d'une femme qui re-
tient les acquits du droit de travers de ladite Ville, & qui nous
a fait voir celuy expedié audit Sieur Evrard par le Sieur Bour-
geois Receveur de ce droit, contenant la même quantité de
cuirs mentionnez audit acquit à caution : Nous nous fommes
enfuite tranfportez au Bureau des Fermes, où nous avons
examiné le Regiftre d'acquits à caution; avons trouvé ledit
acquit à caution enregiftré fans fpecification de la qualité des
cuirs y mentionnez: avons demandé au Sieur la Grange Vifiteur s'il avoit vû les cuirs lors du chargement, & pourquoy
il n'avoit pas mis fon vû & vifité fur l'acquit comme il fe pra-
tique ; a repondu qu'il eftoit abfent pour le fervice, & qu'il

n'avoit point vû lefdits cuirs; avons demandé au Sieur Receveur s'il les avoit vû compter, a dit que non, mais qu'il a vû partir lefdites deux voitures fans fçavoir pofitivement fi la quantité declarée y eftoit, qu'en les faifant defcharger que cela auroit caufé un retardement confiderable; qu'on avoit marqué la veille une quarantaine de cuirs arrivez par acquit à caution du Bureau d'Hermetton & venant de Dinant, & qu'il pouvoit y en avoir quelques-uns de ceux-là qui faifoient partie des deux cens trois mentionnez audit acquit, que cependant il n'en fçavoit rien; que fi ledit Evrard nous avoit declaré que tous lefdits cuirs eftoient marquez à la fortie des cuves, que c'eftoit une marque qu'ils n'en faifoient point partie, c'eft-à-dire, des quarante arrivez par Hermetton, & marquez la veille du départ des voitures du marteau de la Ferme. Et après avoir examiné ledit acquit à caution d'Hermetton, delivré le 12. Juin 1731. fous le N.° 81. audit Sieur Evrard pour ladite quantité de quarante cuirs de femelles appreftez, & quatre-vingt-feize cuirs auffi de femelle à-demi-appreftez, une douzaine & demie de peaux, & pour la valeur de cent cinquante livres de meubles, & pris un eftat de la quantité de quatre cens quarante-fept cuirs appreftez, & quatre cens trente-un à-demi-appreftez, entrez pour le compte dudit Sieur Evrard depuis le 24. Octobre 1730. jufques & compris le 19. Juin 1731. à compte de la permiffion à luy accordée par la Cour, & qu'il nous a dit à Givet (où il eftoit arrivé bien avant nous, pour donner apparemment avis de la faifie de ces cuirs) eftre les feules quantitez appreftées & à demi-appreftées qu'il avoit fait entrer depuis fon eftabliffement à Givet, Nous nous fommes retirez, réiterant audit Sieur Evrard la faifie defdits cuirs, attendu fa fauffe declaration fignée de luy, & à laquelle il ne peut plus rien augmenter ni diminuer, aux termes de l'Article VII. du Titre 2. de ladite Ordonnance de 1687. qui emporte de plein droit la confifcation de la totalité defdits cuirs, aux termes de l'Article XXIV. du Titre commun pour toutes les Fermes del' Ordonnance de 1681. & de l'Article XIII. du Titre 2.

de

de ladite Ordonnance de 1687. d'autant plus qu'il a tenu des routes obliques & detournées, entre autres depuis Solre-le-Chafteau, évitant le Bureau de Maubeuge où il eftoit tenu de paffer, comme on peut le remarquer, le deffaut de vû paffer à tous les Bureaux de fon paffage, ainfi que le requiert l'Article IV. du Titre VI. de ladite Ordonnance, la route oblique qu'il a tenu depuis Solre-le-Chafteau jufqu'à Bavay, contre les deffenfes portées par l'Article XXIII. du Titre II. de ladite Ordonnance de 1687. ainfi qu'il fe juftifie par fa propre declaration, où il eft dit qu'il a pris fa route par le gravier de Bachan qui eft un chemin oblique & détourné; pourquoy avons declaré encore audit Sieur Evrard eftant à Givet, que moy Sauvé je m'en retournois à Bavay pour faire charger & conduire lefdits cuirs à Valenciennes, pour faire une plus ample vérification des cuirs marquez à la fortie des cuves d'avec ceux qui ne l'eftoient pas, & pour y examiner pareillement fi la marque des Marteaux n'eftoit pas fauffe. Ce que Nous certifions veritable, les jour & an fufdits. *Signé Sauvé. Canteraine.*

L E vingtieme dudit mois de Juin mil fept cens trente-un, en continuant noftredit Procès-verbal, nous nous fommes tranfportez audit Bureau de Hermetton, où nous avons trouvé enregiftré ledit acquit à caution, y delivré le 12. Juin N.º 81. dont eft fait cy-devant mention : Et nous fommes retirez pour prendre le chemin de Philippeville, où nous nous fommes feparez, la prefence dudit Sieur Canteraine eftant neceffaire à fon Bureau; & moy dit Sauvé, ay continué ma route jufqu'à Bavay pour la fuite de cette affaire, où je fuis arrivé le 22. du prefent mois de Juin fur le midy ou environ; ce que je certifie veritable, les jour & an fufdits. *Signé Sauvé.*

L E même jour vingt-deux Juin mil fept cens trente-un, en continuant le prefent Procès-verbal, Nous dit Sauvé Agent des Fermes, & Touffaint Eroüard Receveur audit Bavay, avons fait charger tous lefdits cuirs, enfemble les trente-trois dépofez en la maifon du Sieur Hiolle Marchand à Bavay, en faifant partie, & les avons fait conduire au Bureau de Valenciennes, où ils font arrivez ce matin vingt-trois dudit mois fur les fept heures du matin ou environ. *Signé Eroüard. Sauvé.*

LEdit jour vingt-troifieme dudit mois de Juin fur les trois heures de relevée, aurions fait avertir quatre Tanneurs de cette Ville pour eftre prefens à la vérification des marques defdits cuirs, en prefence du Sieur Evrard & des Conducteurs defdits chariots, interpellez de s'y trouver afin de reconnoiftre les cuirs marquez à la fortie des cuves d'avec ceux marquez après leur appreft : En procedant à ladite vifite & vérification, lefdits Tanneurs auroient declaré ne s'y point connoiftre, & fe font retirez avec ledit Evrard & les conducteurs de fes chariots : Avons enfuite requis la prefence de Monfieur Gaillard Controlleur general, qui nous a ordonné de continuer noftre vérification, attendu qu'une partie defdits cuirs eftoit defchargée & prefte à eftre depofée dans le Magafin par les Ouvriers appellez pour cet effet, & que le refte qui eftoit fur les chariots auroit pû eftre endommagé par la pluye qui commençoit à tomber ; le tout fauf plus ample vérification fi befoin eft : Et avons trouvé la quantité de cent-un cuirs & demi marquez à la fortie des cuves, & cent cuirs marquez après avoir efté tannez & appreftez ; ce qui eft totalement contraire à la declaration dudit Evrard, qui contient deux cens trois cuirs marquez au fortir des cuves. Voyant la fraude manifefte dudit Sieur Evrard, nous luy avons derechef declaré la faifie defdits cuirs, deux facs de rognures de cuirs & quatre peaux de veau, mentionnez audit acquit à caution, tant à caufe de fa fauffe declaration, que pour les routes obliques qu'il a tenu & autres contraventions expofées cy-devant ; & luy avons delivré copie du prefent Procès-verbal en parlant à fa perfonne ; l'avons fommé & interpellé de le figner, a refufé ; & luy avons donné affignation à comparoir demain 24.ᵉ du courant, pardevant Monfeigneur de Sechelles Intendant du Hainaut, heure de fon audience, pour fe voir condamner à la confifcation defdites marchandifes ; enfemble des chariots, équipages & chevaux mis en fourriere au Cabaret où pend pour enseigne le pot d'estain, ruë Cardon en cette Ville de Valenciennes; & en outre en l'amende de trois cens livres, & aux depens. Avons clos & arresté le present Procès-verbal, que nous certifions veritable, à Valenciennes, les jour & an susdits. *Signé Eroüard. Sauvé. & Brehon*, dépositaire.

AUJOURD'HUY vingt-quatrieme du mois de Juin mil sept cens trente-un, pardevant nous Subdelegué de Monsieur l'Intendant du Hainaut, sont comparus les Sieurs Sauvé & Eroüard, lesquels ont affirmé le present Procès-verbal veritable en tout son contenu, après serment presté dans nos mains; & l'ont signé avec nous à Valenciennes, les jour, mois & an que dessus. *Signé Eroüard. Sauvé. Daguin.*

VÛ le present *Procès-verbal*, l'*acquit à caution* y mentionné, la *réponse* du nommé Philippe Evrard partie saisie, nostre *Ordonnance* renduë sur icelle le 18. Juin dernier, portant qu'elle seroit communiquée au Controlleur general des Fermes de ce département; l'exploit de la signification qui luy en a esté faite le même jour par l'Huissier Bondu; le *Memoire produit* de la part du Fermier, servant d'observations sur le Procès-verbal de saisie; la *nouvelle Requeste* dudit Evrard, à laquelle il a joint les *Certificats* delivrez par les *Receveur, Controlleur & Employez* du Bureau de Givet, le vingt du même mois; & après avoir entendu le Sieur Gaillard Controlleur general des Fermes, au nom dudit Fermier, lequel a consenti à la main-levée provisionnelle des deux cens trois cuirs saisis, à la charge de donner caution, & que les endroits des cuirs sur lesquels la marque est apposée, demeureront déposez au Bureau dudit Fermier, pour estre procedé à la vérification, si le cas y écheoit; & ce, observant les formalitez prescrites par les Reglemens : Tout consideré.

Nous, avant faire droit définitivement, ordonnons que la marque depoſée au Bureau de Givet, pour marquer les cuirs de la Manufacture de ladite Ville, & ceux à demi apprestez, dont l'entrée est permise audit Evrard, sera rapportée & remise

en noftre Bureau, pour, par des Experts dont les Parties conviendront, ou qui feront par nous nommez d'office, eftre
procedé à la vérification des marques appofées fur les cuirs
faifis, à l'effet de reconnoiftre fi elles font imitées & contre-
faites; dequoy fera dreffé Procès-verbal; pour iceluy vû &
à nous rapporté, eftre ordonné définitivement ce qu'il appartiendra. Fait à Valenciennes le dix-neuf Juillet mil fept cens.
trente-un. *Signé De Sechelles.*

V U noftre Ordonnance cy-deffus: & après que le Marteau
deftiné à la marque des cuirs nous a efté rapporté.

Nous ordonnons avant faire droit; que par Experts dont
les Parties conviendront, ou qui feront par nous nommez
d'office, il fera procedé à la vérification de la marque defdits
cuirs, à l'effet de connoiftre s'ils ont efté marquez dudit Marteau avant que lefdits cuirs ayent efté accrochez pour les faire
fecher, conformement aux difpofitions de l'Article II. de l'Ordonnance par nous renduë le 31. Decembre 1730. de tout
quoy fera dreffé Procès-verbal, pour eftre enfuite par nous
fait droit, ainfi qu'il appartiendra. Fait à Valenciennes, le vingt-
trois Juillet mil fept cens trente-un. *Signé De Sechelles.*

A UJOURD'HUY vingt-quatre Juillet mil fept cens trente-un,
onze heures du matin, eft comparu pardevant nous le Sieur
Gaillard Controlleur general des Fermes de cette Province, au
nom de M.ᶜ Pierre Carlier Fermier general des Fermes-unies,
lequel en execution de l'Ordonnance cy-deffus, a dénommé pour
Experts les perfonnes de Jean-Baptifte Defmarets & Hermant
Olivier: Eft auffi comparu Philippe Evrard, lequel a pareillement dénommé pour Experts les perfonnes d'Henry Dhenain & Pierre Cauchy, tous Maiftres Tanneurs, lefquels ont
prefté ferment en nos mains, de bien & fidellement proceder
à la verification ordonnée par noftre Jugement cy-deffus du
19. de ce mois; à l'effet de quoy le Marteau de la Ferme
depofé au Bureau de Givet, fcellé du Cachet du même Bureau, en conformité du Procès-verbal du 21. du même mois.

affirmé le même jour pardevant noſtre Subdeleguê, a eſté remis auſdits Experts, qui dreſſeront leur Procès-verbal de rapport, lequel fait & à nous rapporté, il ſera ordonné ce qu'il appartiendra; ledit Philippe Evrard nous ayant repreſenté que la marque, quant aux cuirs ſecs, ne pouvoit le regarder, attendu que par le privilege de ſon eſtabliſſement, il a le droit de faire entrer juſques à concurrence de ſix cens cuirs en ſec, leſquels ne peuvent par conſequent eſtre marquez en crû ; de quoy nous luy avons donné Acte, les copies de l'Ordonnance & du preſent, ayant eſté reſpectivement remiſes aux Parties.

Signé De Sechelles.

VU le preſent Procès-verbal; la réponſe du nommé Philippe Evrard Partie ſaiſie, que les deux cens trois cuirs mentionnez au Procès-verbal, proviennent des Tanneries par luy eſtablies à Givet, en vertu du privilege du Roy à luy accordé, qu'il en a fait ſa declaration au Bureau de Givet, où il a pris un acquit à caution pour les tranſporter à Saint Paul en Artois, lequel acquit a eſté viſé à la ſortie par le Commis à la Porte dudit Givet; qu'on ne peut donc le ſuſpecter d'avoir tiré ſes cuirs de l'eſtranger en fraude des droits; & que lorſqu'il a eſté arreſté à Bavay, il ſuivoit la route pour la deſtination de ſes cuirs : Il convient d'en avoir dechargé trente-trois à Bavay; mais il ſoûtient qu'il en avoit prealablement fait ſa declaration au Bureau; pourquoy il auroit conclu à ce qu'il nous plût luy faire main-levée des cuirs, chevaux & voitures ſaiſis, & condamner le Fermier & ſes Commis aux dépens, dommages & intereſts : L'Ordonnance de ſoit communiqué, par nous renduë ſur la réponſe dudit Evrard; l'Exploit de la ſignification qui en a eſté faite par l'Huiſſier Bondu; la replique produite par le Sieur Gaillard Controlleur general des Fermes de ce département, au nom de M.e Pierre Carlier Adjudicataire general des Fermes-unies, contenant, que pour fonder la contravention dudit Evrard qui eſt dans l'habitude de ſe ſouſtraire de l'execution des Reglemens, & qui a eſté repris pour fraude il y a peu de temps, il n'y a que trois points à examiner : *l'acquit à caution*

B iij

qu'il a pris au Bureau de Givet pour deux cens trois cuirs à la deſtination de Saint Paul en Artois, *le charge expreſ-ſément de paſſer par les Bureaux de Maubeuge & Bavay,* & d'y faire viſer ſon acquit, il a contrevenu à cette obligation; il eſt encore convaincu d'avoir dechargé à Bavay trente-trois cuirs des deux cens trois portez par ſon acquit, à la deſtination de Saint Paul, ce qui eſt contraire aux Regles preſcrites par l'Or-donnance de 1687. portant reglement pour les Fermes du Roy; enfin il ſe trouve partie des cuirs ſaiſis, qu'on ſoupçonne d'avoir eſté marquez d'une marque contrefaite, & partie des mêmes cuirs ont eſté marquez en ſec, quoyqu'ils duſſent avoir eſté marquez en crû, ſuivant les diſpoſitions de l'*Article II. du Reglement par nous fait le 31. Decembre 1730. pour les Tanneries* de cette Province; pourquoy il requeroit qu'il nous plût luy adjuger les fins & concluſions du Procès-verbal : Les requeſtes particulieres à nous preſentées par ledit Evrard, expo-ſitives qu'on ne peut revoquer en doute que les cuirs ne pro-viennent de ſa Manufacture de Givet, & qu'ils y ont eſté marquez; ce qu'il pretend juſtifier par les certificats des Em-ployez de Givet du 20. Juin dernier, par luy rapportez, & par ceux à luy delivrez le même jour par le Fermier du ſoixantieme à Givet, & les Employez du Bureau de Romedene Terre de Liege, auſſi par luy rapportez ; qu'à l'égard de la route qu'il a tenu avec ſes Voituriers, il convient d'avoir paſſé par Heſ-trud, Solre-le-Chaſteau, & au Gravier de Bacham, où il a pro-poſé aux Employez de mettre leur vû ſur ſon acquit, ce qu'ils ont refuſé ; que cette route eſt d'autant moins ſuſpecte, que le Receveur de Givet luy avoit dit qu'il pouvoit paſſer à Mau-beuge ou à Bavay, indifferemment; & qu'à l'égard des trente-trois cuirs qu'il a dechargez à Bavay, il en avoit prealablement fait ſa declaration au Bureau des Fermes : l'Ordonnance par nous renduë le 23. du preſent mois de Juillet, portant, qu'avant faire droit, par Experts dont les Parties conviendroient, ou qui ſeroient par nous nommez d'office, il ſeroit procedé à la vérification de la marque deſdits cuirs, à l'effet de connoiſtre s'ils ont eſté marquez du Marteau de la Ferme, & ſi cette marque y a efté appofée fur les cuirs en crû, avant qu'ils ayent efté accrochez pour les faire fecher : Le Procès-verbal par nous dreffé le 24. du même mois, fuivant lequel ledit Sieur Gaillard, au nom du Fermier, a denommé pour Experts les perfonnes de Jean-Baptifte Defmarets & Hermant Olivier, & ledit Philippe Evrard, Henry Dhenain & Pierre Cauchy, tous Maiftres Tanneurs, lefquels ont prefté en nos mains le ferment, en la maniere accouftumée, de proceder à ladite verification fur le Marteau fervant à la marque des cuirs au Bureau de Givet, qui leur a efté remis fcellé du cachet de la Ferme, conformément au Procès-verbal dreffé par les Employez le 21. dudit mois, & affirmé le même jour, dans lequel Procès-verbal ledit Evrard a reprefenté, que la difference de la marque fur les cuirs fecs & en crû, eftoit indifferente à la queftion à juger, parce que fon Privilege luy donnoit la faculté de faire entrer de l'eftranger fix cens cuirs fecs, dont partie pouvoit eftre confonduë dans les deux cens trois cuirs faifis : Le Procès-verbal de rapport dreffé par les Experts cy-deffus dénommez, fuivant lequel ils eftiment que les marques appofées fur lefdits cuirs, ont efté frappées du Marteau de la Ferme, partie lorfque les cuirs eftoient en crû, & l'autre partie fur les cuirs fecs, obfervant que dans le temps des chaleurs les cuirs peuvent fecher dans une journée : enfemble le Memoire particulier, produit au nom de l'Adjudicataire general des Fermes, par lequel il foûtient que quoyque l'inattention des Employez du Bureau de Givet, l'ait réduit à ne pouvoir eftablir la prevarication dudit Evrard pour la fortie de ces cuirs de Givet, fa contravention n'eft pas moindre, eu égard *qu'il n'a point fuivi la route indiquée par fon acquit à caution,* mais bien celle de Solre-le-Chafteau, & *Bacham qui cottoye l'eftranger, & qui dans ce cas eft reputée oblique ;* qu'au furplus, il eft conftant que ledit Evrard a dechargé à Bavay trente-trois cuirs deftinez pour Saint Paul, fans eftre porteur d'expedition du Bureau de ladite Ville de Bavay, & fans la prefence d'aucun Commis, furquoy il demande droit : Vû auffi l'acquit à caution delivré au Bureau de Givet le 14. Juin dernier, pour deux cens trois cuirs forts, quatre peaux de veau & deux facs de rognures de cuir, au nom de Philippe Evrard, valable pour huit jours, à la deftination de Saint Paul, à la charge de paffer par le Bureau de Maubeuge & celuy de Bavay, ledit acquit de nous paraphé pour demeurer joint à laprefente; l'Ordonnance par nous renduë le 31. Decembre 1730. fervant de Reglement pour le tranfport des cuirs de cette Province, & les certificats & memoires refpectifs produits par lefdites Parties : Tout confideré.

Nous, faifant droit, condamnons ledit Evrard en trois cens livres d'amende, luy faifons deffenfes de recidiver fous telle peine qu'il appartiendra; & neantmoins fans tirer à confequence, luy faifons main-levée des cuirs, chevaux & chariots faifis & mentionnez audit Procès-verbal.

Et en interpretant, en tant que de befoin, noftre Reglement du 31. Decembre 1730. declarons qu'à l'avenir les cuirs qui feront tranfportez de Givet pour les Villes de Valenciennes, Doüay, & autres Villes de la Flandre & de l'Artois, feront expediez au Bureau de Givet pour fuivre la grande route de Maubeuge & Bavay, & que le Receveur dudit Bureau ne pourra les expedier, qu'après que lefdits cuirs auront efté comptez & verifiez par le Vifiteur dudit Bureau, qui fignera l'expedition avec ledit Receveur, & que lefdits cuirs feront vifitez aux Bureaux de la route cy-deffus defignée : Enjoignons aufdits Receveurs & Employez, de s'acquitter de cette fonction avec exactitude, à peine d'interdiction.

Declarons que les cuirs Tannez & appreftez dans ce Departement, devront eftre marquez en crû à la fortie des cuves, avant d'eftre accrochez pour les faire fecher, par les Commis du Fermier à ce prépofez, lefquels fe rendront dans les Tanneries, à la premiere requifition qui leur fera faite, & y refteront le temps neceffaire, fans neantmoins que les Tanneurs puiffent abufer de cette facilité : le tout à peine de cinquante livres d'amende.

Et feront au furplus les difpofitions de noftredit Reglement du 31. Decembre 1730. concernant les cuirs venant de l'eftranger, executées felon leur forme & teneur.

FAIT

Fᴀɪᴛ à Valenciennes, le vingt-six Juillet mil sept cens trente-un.
Signé *De Sechelles.*

L'ᴀɴ mil sept cens trente-un, le vingt-sept Juillet, Je Huissier Royal à Valenciennes, soussigné, ay signifié l'Ordonnance de Monseigneur l'Intendant, dont l'Original est cy-dessus, au Sieur Philippe Evrard y denommé, pour les causes y contenuës, & luy en ay delivré copie au domicile du Sieur François Couvreur Marchand, demeurant ruë de l'Escault à Valenciennes, en parlant à sa personne, caution dudit Evrard, à ce qu'il n'en ignore ; & luy ay en même temps fait sommation & commandement de par le Roy, de payer en dedans les jours legaux, entre les mains de M. Breton Receveur de la Doüane de cette Ville de Valenciennes, l'amende de trois cens livres à laquelle il est condamné, & en outre les frais, à peine d'y estre contraint ainsi que ledit Evrard, comme pour deniers Royaux & affaires de Sa Majesté, en leurs biens & meubles, & même par corps, dont Acte. A Valenciennes, les jour & an susdits.
Signé Charles Bondû, *Huissier Royal.*

EXTRAIT DES REGISTRES
du Conseil d'Estat.

Sᴜʀ la Requeste presentée au Roy, en son Conseil, par Philippes Evrard Marchand Tanneur à Givet; contenant que Sa Majesté luy ayant permis par Arrest du Conseil d'Estat du 27. Fevrier 1731. de s'establir à Givet, & d'y transporter la Manufacture de Tannerie qu'il avoit auparavant à Dinant, avec faculté pendant trois ans de faire venir, soit du Pays estranger, soit de l'interieur du Royaume, six cens cuirs tannez, en payant seulement trois sols par piece, & trois mille cuirs demi-apprestez, en payant un sol; il a transferé tous ses meubles & ustensiles à Givet, y a fait construire de grands bastimens propres pour sa Tannerie, à quoy il a dépensé plus de quarante mille livres; il peut dire que sa Tannerie est dans la plus grande perfection, & qu'il ne se prepare point de meilleurs

C

cuirs dans tout le Pays : mais les vexations qu'il souffre des Commis des Fermes, excitées par des gens envieux de son Commerce, l'obligent d'implorer la protection de Sa Majesté ; qu'ayant fait partir de Givet le 14. Juin dernier deux chariots chargez de cuirs preparez en sa Manufacture, & deftinez pour St Paul en Artois, il prit au Bureau de Givet un acquit à caution pour deux cens trois cuirs forts à femelles, tannez, & marquez du marteau de la Ferme, quatre peaux de veau & deux facs de rogneures de cuirs ; le congé delivré par le Sieur de Monfeiguat Receveur à Givet, a efté vifé à la fortie de Givet par le Sieur Lyon Garde des Fermes, les deux chariots ont paffé au Bureau d'Eftrud, où l'un des conducteurs a prefenté l'acquit à caution au Sieur Daffigmes Receveur pour l'endoffer, ce qu'il a refufé, en difant que cela n'eftoit pas neceffaire ; l'acquit a efté encore prefenté au Bureau de Solre-le-Chafteau où les Commis l'ont examiné, & l'ont rendu de même fans le vifer aux conducteurs des chariots, lefquels ont continué leur route par le Gravier de Brochant, qui eft le chemin le plus court pour Bavay où ils font arrivez le 16. Juin fur les fept heures du foir, ils y ont dechargé après avoir efté au Bureau trente-trois cuirs pour le Sieur Hiolle Marchand Tanneur à Bavay, & ils ont prefenté fur le champ l'acquit à caution au Sieur Erouard Receveur à Bavay pour porter ces trente-trois cuirs fur fon Regiftre de décharge, ce que ce Receveur a refufé, & en même temps il a faifi les chariots, chevaux & marchandifes, fans dreffer aucun procès-verbal ni marquer aucune caufe de faifie, & fans faire donner d'affignation ; le Sieur Sauvé Agent des Fermes s'eftant rendu le 17. Juin à Bavay, s'eft fait donner une declaration par les conducteurs des chariots fur la route qu'ils avoient tenuë ; le Suppliant a prefenté le 18. Juin une Requefte au Sieur de Sechelles Intendant du Haynaut, pour faire declarer la faifie injufte, & condamner le Receveur de Bavay en tous frais & dépens de fouriere des chevaux & voitures, & du retardement. Comme les Commis des Fermes faifoient entendre que l'acquit à caution eftoit faux, & que la marque des cuirs n'eftoit pas du marteau de la Ferme, le Suppliant a prefenté le 20. Juin une Requefte au fubdelegué du Sieur Intendant à Givet, pour avoir d'abondant des Certificats du Receveur de Givet fur la verité de l'acquit à caution du Garde des Fermes fur la fortie de Givet, & du vifiteur pour juftifier que la marque des cuirs eftoit du marteau de la Ferme ; ces Certificats luy ont efté delivrez ; le Soufermier du foixantieme & travers de Givet, luy a encore donné un Certificat le 21. Juin, contenant que le 14 de ce mois le Suppliant avoit acquitté à fon Bureau deux cens trois cuirs, & avoit payé les droits de foixantieme qui font des droits domaniaux, & un du 16. Juillet, après en avoir fait la vifite qu'il a trouvé conforme à fa declaration, en confequence le Suppliant a prefenté le 22. Juin une feconde Requefte au Sieur Intendant pour avoir main levée, avec dommages & interefts: Cependant le Sieur Gaillard Controlleur general des Fermes au département de Haynaut, a commencé un procès-verbal le 17. Juin feulement, a fait couper les morceaux des cuirs où eftoient les marques, pour en faire la vérification, a vifité les lieux où les chariots avoient paffé, depuis Givet jufqu'à Bavay, a pris des declarations des Commis de Givet qu'ils n'avoient point compté les cuirs, & a réïteré la faifie, pretextant que les chariots avoient tenu une route oblique, depuis Solre-le-Chafteau jufqu'à Bavay, en évitant le Bureau de Maubeuge ; & enfin il a prétendu qu'une partie des cuirs n'avoit pas efté marquée à la fortie des cuves ; ce procès-verbal n'a efté fini que le 23. Juin, & fignifié le même jour avec affignation au 24. Juin, le Sieur Gaillard qui a commencé à connoiftre l'injuftice de la faifie, a confenti le 25. Juin que les deux chariots & marchandifes fuffent remis par provifion au Suppliant, moyennant une caution qu'il a fourni de fept mille trois cens quatre-vingt-dix livres. Pour écarter les fauffes preventions du Sieur Gaillard, le Suppliant a prefenté une troifieme Requefte le 23. Juillet au Sieur Intendant de Haynaut, dans laquelle il a articulé que depuis le 20. Fevrier jufqu'au 30. May le Sieur Lagrange vifiteur à Givet avoit marqué à la fortie des cuirs jufqu'à quatre cens foixante-trois cuirs de fa Tannerie ; que de

C ij

plus il avoit marqué quatre cens quarante-sept. cuirs appreſtez venant de Dinant, ce qui faiſoit neuf cens dix cuirs dont il n'avoit fait ſortir qu'environ ſept cens de Givet, de quoy il a demandé à faire preuve, ce que le Sieur Gaillard a empeſché; & le 23. Juillet il a obtenu une Ordonnance du Sieur Intendant, portant avant faire droit que par les Experts dont les parties conviendroient, ou qui ſeroient nommez d'office, il ſeroit procedé à la vérification de la marque des cuirs, à l'effet de connoiſtre s'ils ont eſté marquez du marteau de la Ferme avant que les cuirs ayent eſté accrochez pour les faire ſecher; conformement à l'Article II d'une Ordonnance par luy renduë le 31. Decembre 1730. Cette Ordonnance du 23. Juillet fait connoiſtre que l'unique pretexte de la ſaiſie s'eſt reduit à dire que les cuirs eſtoient ſecs lorſqu'ils avoient eſté marquez; mais pourquoy nommer des Experts pour faire cinq ſemaines après une pareille vérification, n'y en avoit-il pas une toute faite par le Certificat du Sieur de Lagrange viſiteur à Givet, contenant qu'il avoit marqué des cuirs forts ſortant des foſſes de la Tannerie du Suppliant, & quarante cuirs forts tannez provenant de Dinant, il n'y avoit qu'à faire repreſenter le Regiſtre du viſiteur où il a ſans doute écrit la quantité des cuirs marquez, & les jours que les marques y ont eſté appoſées, c'eſtoit la ſeule preuve naturelle, mais elle ne convenoit pas au Sieur Gaillard, lequel a deſiré que la vérification de la qualité des cuirs au temps de la marque fût faite par des Experts, dans la vûë d'en tirer une preuve équivoque, qui le tireroit de l'entrepriſe injuſte d'où il s'eſtoit engagé; l'avis donné le 24. Juillet par quatre Experts de Valenciennes porte que des cuirs ſaiſis, il y en a qui ont eſté marquez ſortant de la foſſe, d'autres ſecs, d'autres à demi ſecs, mais ils ont ajoûté que des cuirs pendus pendant la journée peuvent eſtre ſecs & à demi ſecs ſuivant les ſaiſons, enſorte que cet avis ne determine rien; il ne faut en effet que ſix heures en eſté pour ſecher des cuirs, ſur tout aux extremitez où les marques ſont appliquées: le 26. Juillet le Sieur Intendant a rendu ſon Ordonnance définitive, par laquelle il a condamné le Suppliant en trois cens livres d'amende, luy a fait deffenſes de recidiver; & néantmoins

fans tirer à confequence luy a fait main-levée des cuirs, chevaux
& chariots ; par la même Ordonnance le Sieur Intendant
en interpretant celle du 31. Decembre 1730. a declaré qu'à
l'avenir les cuirs qui feront tranfportez de Givet pour les Villes
de Flandre & d'Artois, feront expediez au Bureau de Givet,
pour fuivre la grande route de Maubeuge & Bavay, & que le
Receveur de Givet ne pourra les expedier qu'après que les
cuirs auront efté comptez & vérifiez par le voiturier, enjoignant
aux Commis de s'acquitter de leurs fonctions avec exactitude
à peine d'interdiction ; a declaré en outre que les cuirs appreftez
feroient marquez à la fortie des cuves avant d'eftre accrochez,
par les Commis des Fermiers à la premiere requifition qui leur
feroit faite : Le Suppliant qui au lieu d'un jufte dédommagement,
auquel le Fermier devoit eftre condamné pour une faifie faite
par mechanceté & fans caufe, fe trouve luy-même condamné
en trois cens livres d'amende, a interjetté appel de l'Ordonnance par Acte du 7. Aouft, fes griefs font fenfibles, 1.° Il ne
pouvoit y avoir aucun intereft pour le Fermier dans la faifie,
car il n'eft point dû de droits pour le tranfport des cuirs dans
les Pays conquis d'une Ville à une autre ; ainfi la faifie des
marchandifes du Suppliant eft une vexation faite de gayeté de
cœur ; le Sieur Gaillard a fait des manœuvres pour pouvoir
fuppofer que les chariots alloient chez l'eftranger, mais il n'a
ofé fouftenir cette fuppofition groffiere, les chariots alloient
droit en Artois, & ils eftoient dans cette route à Bavay lorf-
qu'ils ont efté faifis. 2.° Les faifies ne peuvent eftre valables
s'il n'y a un procès-verbal fait fur le champ, qui en énonce les
caufes, c'eft une forme prefcrite par l'Ordonnance de 1687.
titre XI. il eft de fait que le Receveur de Bavay qui a faifi
les chariots & les marchandifes le 16. Juin, n'en a dreffé aucun procès-verbal, le Suppliant a prefenté le 18. Juin fa Requefte au Sieur Intendant pour avoir main-levée, le Sieur Gaillard a dreffé alors un procès-verbal, auquel il a donné diverfes
dates, comme l'ayant commencé le 17. Juin & continué les
18. 19. 20. 22. & 23. il a fait figner ce procès-verbal par
Blaife Canteraine Receveur à Philippeville, & par Sauvé Agent

à Valenciennes, qui n'eſtoient point preſens non plus que luy à la ſaiſie, ne s'eſtant rendus à Bavay que le 17. Juin. 3.° On ne peut objecter aucune contravention au Suppliant à l'égard des marques, dès que les cuirs ſe ſont trouvez tous marquez du marteau de la Ferme, & que le Commis viſiteur qui a appoſé les marques en a donné un Certificat: de dire que les cuirs doivent eſtre tirez des foſſes ou cuves, en preſence des Commis prépoſez pour les marquer, & avant que les cuirs ſoient accrochez, c'eſt une ſujettion que les Commis éluderont toûjours, les Tanneurs ne demandent pas mieux; mais quelques requiſitions qu'ils faſſent, les Commis ne viennent qu'après pluſieurs heures ou le lendemain, & ſont bien aiſes que les cuirs ſoient étalez pour pouvoir les marquer plus promptement ; de quelle utilité cela eſt-il d'ailleurs, puiſqu'il n'y a point de droits à payer, les Commis ſont auſſi obligez de compter les cuirs avant d'expedier les acquits à caution, ce qu'ils obmettent ſouvent. Peut-on imputer les obmiſſions des Commis aux Marchands; le Suppliant eſt au reſte dans un cas different des autres, en ce que par l'Arreſt du Conſeil d'Eſtat du 27. Fevrier 1731. il luy a eſté permis de tirer du Pays eſtranger juſqu'à ſix cens cuirs tannez & appreſtez, en payant trois ſols par piece, & il n'a pas encore conſommé cette permiſſion; il eſtoit donc fort inutile à ſon égard de faire vérifier par des Experts ſi les deux cens trois cuirs ſaiſis avoient eſté marquez ſortant de la cuve, ou ſecs & à demi ſecs; cette vérification avoit eſté faite ſuffiſamment à Givet même, où les cuirs ont eſté marquez, & où le Receveur a expedié un acquit à caution : l'avis des quatre Experts de Valenciennes du 24. Juillet n'éclaircit rien ſur cela, puiſqu'il porte que les cuirs peuvent ſe ſecher dans la journée ſuivant les ſaiſons; l'Ordonnance du Sieur Intendant qui porte un Reglement à cet égard, & veut que les cuirs ſoient marquez à la ſortie des cuves ne peut faire loy que pour l'avenir, & il ne ſera jamais obſervé exactement par les Commis. 4.° C'eſt une ſuppoſition de la part du Sieur Gaillard, de dire que les deux chariots du Suppliant ont tenu une route oblique; il eſt vray qu'ils n'ont point paſſé par la

Ville de Maubeuge, n'y eftant tenu par l'Ordonnance du Sieur Intendant, mais par Eftrud ; ce n'eft point la droite route, il y a une lieuë de détour, & la vraye route eft de paffer à cofté de Maubeuge par le Gravier de Brochan. C'eft fur une furprife du Sieur Gaillard que le Sieur Intendant a declaré par fon Ordonnance du 26. Juillet qu'à l'avenir les acquits feroient expediez pour fuivre la grande route de Maubeuge & Bavay, ce qui ne fera jamais obfervé ; & l'on voit déja dans un acquit expedié à Givet le 2. Aouft, pofterieurement à cette Ordonnance, que la route eft marquée par les Bureaux d'Eftrud & Solre-le-Chafteau fans faire mention de Maubeuge ; au furplus il n'y avoit point encore de route fixée au mois de Juin lorfque les chariots du Suppliant ont paffé à Bavay ; il eft trifte que le Commerce foit ainfi troublé par les Commis des Fermes, qui font des faifies fans caufes ; il y a une vexation évidente à l'égard du Suppliant, cependant la faifie de fes marchandifes luy a caufé deux mille cinq cens livres de dommages, y ayant eu douze chevaux en fourriere pendant douze jours, des chartiers retenus, des courfes & voyages pour inftruire l'affaire ; le Suppliant détourné de fon commerce pendant plus de deux mois ; il eft jufte que ces dépenfes ruineufes luy foient renduës. Requeroit à ces caufes le Suppliant, qu'il pluft à Sa Majefté le recevoir appellant de l'Ordonnance du Sieur Intendant de Haynaut du 26. Juillet dernier ; faifant droit fur fon appel le décharger de la condamnation portée par cette Ordonnance, & condamner M.ᵉ Carlier adjudicataire general des Fermes, à luy payer la fomme de 2500. livres par forme de dommages & interefts. Vû la Requefte, ladite Ordonnance du 26. Juillet dont eft appel, l'Arreft du Confeil du 27. Fevrier 1731. l'acquit à caution expedié à Givet le 14. Juin, le procès-verbal commencé par le Sieur Gaillard le 17. Juin & fini le 23. du même mois, & autres pieces mentionnées en ladite Requefte, enfemble le Memoire des Cautions dudit Pierre Carlier, fervant de reponfe à ladite Requefte, tendant à ce que pour les caufes & moyens y contenus, il pluft à Sa Majefté en confirmant l'Ordonnance dudit Sieur de Sechelles du 26.

Juillet dernier, dont ledit Evrard eſt appellant, homologuer celle renduë par ledit Sieur Intendant le 31. Decembre 1730. qui preſcrit les formalitez à obſerver pour le tranſport des cuirs venant du Pays eſtranger; ce qui eſt d'autant plus neceſſaire, qu'il ſe fait une fraude conſiderable ſur les cuirs au détriment des Tanneries du Pays conquis. Oüy le Rapport du S.r Orry Conſeiller d'Eſtat, & au Conſeil Royal, Controlleur general des Finances, LE ROY EN SON CONSEIL, faiſant droit ſur l'inſtance, & ſans s'arreſter à la demande en caſſation de l'Ordonnance renduë par le Sieur de Sechelles Intendant du Haynaut le 26. Juillet dernier, formée par ledit Evrard, dont Sa Majeſté l'a debouté & deboute, ordonne que l'Ordonnance dudit jour 26. Juillet dernier ſera executée ſelon ſa forme & teneur. FAIT au Conſeil d'Eſtat du Roy, tenu à Marly le neufvieme jour d'Octobre mil ſept cens trente-un. Collationné. *Signé* DE VOUGNY pour M. EYNARD.

LOUIS, PAR LA GRACE DE DIEU, ROY DE FRANCE ET DE NAVARRE: Au premier noſtre Huiſſier ou Sergent ſur ce requis. Nous te mandons & commandons, que l'Arreſt dont l'Extrait eſt cy-attaché ſous le contre-ſcel de noſtre Chancellerie, cejourd'huy rendu en noſtre Conſeil d'Eſtat, ſur la Requeſte à Nous preſentée en iceluy par Philippe Evrard marchand Tanneur à Givet, tu ſignifies à tous qu'il appartiendra, à ce qu'aucun n'en ignore, & fais en outre pour ſon entiere execution, à la Requeſte de Pierre Carlier y dénommé, tous Commandemens, Sommations & autres Actes neceſſaires, ſans autre permiſſion; CAR TEL EST NOSTRE PLAISIR. Donné à Marly le neufvieme jour d'Octobre, l'an de grace mil ſept cens trente-un, & de noſtre Regne le dix-ſeptieme, par le Roy en ſon Conſeil. *Signé* DE VOUGNY. Et ſcellé du grand Sceau de cire jaune.

Collationné aux Originaux par Nous Eſcuyer-Conſeiller-Secretaire du Roy, Maiſon-Couronne de France & de ſes Finances.